1. Wo hat das Corona SARS-CoV2 Virus seinen Ursprung?

O   Indien

O   Amerika

O   China

O   Russland

2. Was bedeutet das Wort Corona?

O   Stern oder Sonne

O   Zacken oder Igel

O   Kubus oder Würfel

O   Kranz oder Krone

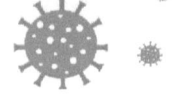

3. Was ist gemeint, wenn über FFP1, FFP2 oder FFP3 gesprochen wird?

O   Sichtschutzbrillen

O   Sicherheitsanzug

O   Desinfektionsmittel

O   Atemschutzmasken

4. Was wird unter COVID-19 verstanden?

O   Name des Vorgängervirus zu SARS-CoV-2

O   Der 19. Stamm des Influenzavirus

O   Name der Krankheit, die im Zusammenhang mit dem Corona Virus SARS-CoV-2 steht.

O   Eine neuer Strang des Corona Virus, der bislang nicht bei Menschen identifiziert wurde

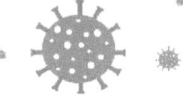

5. Ist der Corona SARS-CoV2 Virus ein Grippevirus?

O   Ja, aber mit anderem Wirkschema

O   Nein, aber mit Symptomen ähnlich einer Grippe

O   Ja, aber mit schnellerer Verbreitung

O   Nein, aber mit gleichschneller Verbreitung

6. Was ist SARS-CoV-2?

O   Der Name des 2019 neu aufgetretenen Corona Virus

O   Der Name der Krankheit, die mit dem Corona Virus verbunden ist

O   Der Name des EHEC Virus

O   Gibt es als Namensbezeichnung nicht

7. Kann eine Atemschutzmaske ein sinnvoller Schutz gegen das Corona Virus sein?

O Nein, da das Virus auch durch die Haut eintreten kann

O Ja, aber nur wenn sie aus festem Stoff besteht

O Nein

O Ja

8. Wie lang kann die Inkubationszeit bei einer Corona SARS-CoV2 Infektion sein?

O fünf Tage bis drei Wochen

O drei Tage bis zwei Wochen

O genau zehn Tage

O zwei Tage bis zwei Wochen

9. Was stellt für die medizinische Versorgungsstruktur im Rahmen der Corona SARS-CoV2 Pandemie zusätzliche Probleme dar?

O Skandale wegen Behandlungsfehlern

O Abwanderung von Fachpersonal in kommerzielle Einrichtungen

O Überschneidung mit Influenzawellen

O Qualitätsprobleme der Versorger

10. Welches der folgenden Symptome zeigen laut WHO weniger als 4% der Covid-19 Erkrankten?

O Durchfall

O Fieber

O Abgeschlagenheit

O Husten mit Auswurf

11. Was empfiehlt die Bundesregierung im Allgemeinen bzgl. Essensbevorratung?

O 20 kg Nudeln, 15 L Milch, 40 Tütensuppen, 4 L Speiseöl, 35 P. Zwieback

O Essensvorräte und Toilettenpapier für nicht weniger als vier Wochen

O Vorräte mit Bedacht, Augenmaß und umsichtig aufstocken

O Vorräte immer für drei Tage voraus haben

12. Kann man sich durch Postsendungen mit Corona SARS-CoV2 infizieren?

O Ja

O Eher unwahrscheinlich

O Nein

O Wahrscheinlich

13. Welche/r Regierungschef/in sagte: „Wir befinden uns im Krieg", als er/sie zum Kampf gegen das Virus aufrief?

O Donald Trump

O Xi Jinping

O Angela Merkel

O Emmanuel Macron

14. Wie wird das Corona SARS-CoV2 Virus primär übertragen?

O Tröpfcheninfektion

O Lebensmittelinfektion

O Infektion über Wasser

O Schmierinfektion

15. Was sollte man tun, um sich vor einer Infektion mit dem SARS-CoV2 Erreger zu schützen?

O   Wasser nie unabgekocht trinken

O   Schutzhandschuhe tragen

O   Hände häufig waschen

O   Medikamente einnehmen

16. Welche Personengruppe sollte vor allem Atemschutzmasken tragen?

O   Personen die älter als 60 Jahre sind

O   Kinder und Jugendliche

O   Personen mit schwachen Immunsystem

O   Personen, die sich mit dem Virus infiziert haben

17. Was wird unter einer Quarantäne verstanden?

O   Eine Ausgangsbeschränkung

O   Eine Person wird, zum Schutz vor ansteckenden Krankheiten, für eine befristete Zeit isoliert

O   Arbeiten via Home Office

O   Abstand halten zu anderen Personen

18. Was sollte man sich am besten vor Mund und Nase halten, wenn man niesen muss?

O   Die Hand

O   Ein Stofftaschentuch

O   Ein Einwegtaschentuch

O   Die Armbeuge

19. Welchen Abstand sollte man zu anderen gemäß dem RKI mindestens einhalten?

O 3 Meter

O 30 Zentimeter bis 1 Meter

O 1 bis 2 Meter

O 3 bis 4 Meter

20. Warum schützt häufiges Hände-waschen vor einer Infektion?

O Vermeidung, dass durch Hände/Finger das Virus in Kontakt mit Mund, Augen, Nase kommen kann

O Keine Weitergabe des Virus bei Berührung auf andere Gegenstände

O Die Abwehrkräfte der Haut werden gestärkt

21. Um sich lang genug die Hände zu waschen, sollte man welche Melodie zweimal singen?

O Drei Chinesen mit dem Kontrabass

O Happy Birthday

O Alle meine Entchen

O Häschen in Grube

22. Was müssen Hundebesitzer während einer Ausgangsbeschränkung beachten?

O Nur staatlich bestimmte Personen dürfen mit den Hunden Gassi gehen

O Hundesäcklein sind für drei Wochen im Voraus zu beschaffen

O Hunde müssen im Tierheim abgegeben werden

O Kurzes Gassigehen ist erlaubt

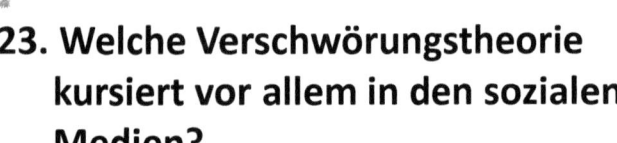

23. Welche Verschwörungstheorie kursiert vor allem in den sozialen Medien?

O Corona ist die Strafe Gottes

O Corona ist durch den Klimawandel entstanden

O Corona wurde von der Pharmaindustrie entwickelt

O Corona ist in einem Militärlabor entstanden

24. In welchem Land haben sich besonders viele Frauen infiziert?

O Deutschland, weil hier im Verhältnis mehr Frauen einer Arbeit nachgehen als in anderen Ländern

O Italien, wegen dem überproportionalen Einsatz vieler Pflegerinnen

O Frankreich, wegen vieler Modeschauen

O Spanien, wegen Frauendemos am 8.März

25. Warum wird empfohlen, während des Home Office keine Jogginghosen zu tragen?

O Das Gehirn assoziiert Jogginghosen mit Freizeit

O Da dies gegen den Dresscode von Firmen verstößt

O Weil es dadurch schwieriger ist, still zu sitzen

O Weil dies unprofessionell bei Video-Konferenzen wirkt.

26. Welches der folgenden Mitglieder des europäischen Hochadels hat sich bislang mit dem Corona SARS-CoV2 Virus infiziert?

O Queen Elizabeth II, England

O Prinz William, England

O Prinz Charles, England

O Kronprinz Frederik, Dänemark

27. Welche Bedeutung hat das Wort Pandemie im Altgriechischen?

O   Die ganze Erde

O   Alle Städte

O   Alle kranken Menschen

O   Das ganze Volk

28. Welches Land wies nach China den ersten Covid-19 Todesfall auf?

O   Südkorea

O   Italien

O   Philippinen

O   Spanien

29. Bereits 1981 wurde in einem Roman ein tödlicher Mikroorganismus namens Wuhan-400 beschrieben. Wie ist der Name des Autors?

O   Stephen King

O   Dean Koontz

O   Dan Brown

O   Ken Follet

30. Welchem Corona gebeutelten Land gewährte PornHub freien Zugang auf seine Premium Inhalte?

O   Philippinen

O   Taiwan

O   Italien

O   Spanien

31. Wann sollte eine einfache Atem-schutzmaske spätestens gewechselt werden?

O Nach einem Gespräch mit einem SARS-CoV2 infizierten

O Wenn die Atemschutzmaske kleine Risse aufweist

O Gar nicht

O Bei Durchfeuchtung

32. Was hilft u.a. derzeit gegen das Corona SARS-CoV2 Virus?

O Impfstoff

O Antibiotika

O Hygienische Schutzmaßnahmen

O Nichts

33. In welcher deutschen Stadt trat das Corona SARS-CoV2 Virus als Erstes auf?

O Berlin

O München

O Hamburg

O Leipzig

34. Das Corona SARS-CoV2 Virus ist weltweit das erste Mal aufgetreten in:

O Wuhan

O Rom

O München

O Madrid

35. Welches Virus verursachte 2020 eine Pandemie?

O Schweinegrippe

O Vogelgrippe

O Ebola

O SARS-CoV-2

36. Was wird unter „Flatten the Curve" verstanden?

O Das Virus in seiner äußeren Form anzupassen, und damit zu deaktivieren

O Die Anzahl der sozialen Kontakte abzuflachen

O Die Anzahl der Infizierten auf ein medizinisch handhabbares Niveau zu halten

O Die Panik um das Corona Virus zu minimieren

37. Was wird unter „social distancing" verstanden?

O Kontaktreduktion in Facebook

O Kontaktreduktion in Twitter

O Kontaktreduktion in Instagram

O Abstand halten bei physischen Kontakten

38. Was wird bzgl. Reisen im Rahmen der Pandemie empfohlen?

O Bei Reisen Atemschutzmasken tragen

O Auf Flügen, Bus- und Bahnfahrten, ein Platz zwischen sich und dem nächsten Sitznachbarn frei halten.

O Reisen vermeiden

O Mobile Desinfektion der Hände jede Stunde

39. Gilt das "Social distancing" auch im eigenen Haushalt?

O Ja, sofern möglich

O Nein

O Ja, aber nur bzgl. Personen die der Risikogruppe bzgl. Corona angehören

O Nein, wenn keiner im eigenen Haushalt infiziert ist.

40. Kann man sich über die eigenen Haustiere mit SARS-CoV2 infizieren?

O Ja, aber eher unwahrscheinlich

O Ja, sehr wahrscheinlich

O Nein

O Ja, aber nur bei Hunden

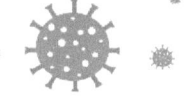

41. Wie viele Einwohner hat Wuhan?

O 1.345.300 Einwohner

O 5.550.342 Einwohner

O 3.890.001 Einwohner

O 8.090.000 Einwohner

42. Ist ein privates Gruppentreffen während einer Ausgangs-beschränkung erlaubt?

O Ja, sofern alle im selben Haus leben

O Nein

O Ja, sofern alle aus dem gleichen Haushalt stammen

O Nein, wenn bekannt ist, dass mindestens einer aus der Gruppe infiziert ist.

42) Ja, sofern alle aus dem gleichen Haushalt stammen

41) 8.090.000 Einwohner

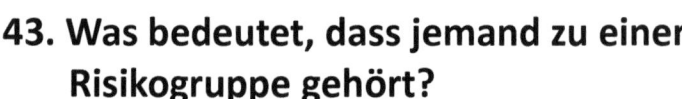

43. Was bedeutet, dass jemand zu einer Risikogruppe gehört?

O Diese Person trägt keine Atemschutz-maske

O Diese Person hat Kontakt zu Infizierten

O Diese Person ist über 60 Jahre alt

O Diese Person hat bestimmte Vor-erkrankungen (z.B. Diabetes, Lungen-entzündung, Asthma) mit geschwächtem Immunsystem.

44. Wie lange dauert normalerweise die Entwicklung eines Impfpräparates bis zur offiziellen Zulassung?

O ca. 3-6 Monate

O ca. 1 Jahr

O ca. 2 Jahre

O ca. 3-5 Jahre

45. Welche Auswirkung hat zum Beispiel die Schließung der Landesgrenze auf die Landwirtschaft?

O   Ausländische Erntehelfer fehlen

O   Keine

O   EU-Subventionen fehlen

O   Der internationale Zahlungsverkehr ist eingeschränkt

46. Was versteht man unter „Hamsterkäufen"?

O   Das Kaufen von Hamstern

O   Massen an Kunden gehen zur gleichen Zeit einkaufen

O   Bevorratung mit bestimmten Lebensmitteln

O   Stark übermäßiger Kauf und Bevorratung mit Produkten

47. An welchen Geräten herrscht bei den medizinischen Versorgungs-strukturen im Rahmen der SARS-CoV2 Pandemie besonderer Mangel?

O Operationsgeräte

O Laborequipment

O Röntgenapparate

O Beatmungssysteme

48. Mit welcher Maßnahme haben viele Firmen auf die Ausgangs-beschränkung reagiert?

O Die Mitarbeiter ins Home Office geschickt

O Die Mitarbeiter dürfen nur noch mit Fahrgemeinschaften zur Arbeit kommen

O Die Mitarbeiter erhalten Umschulungs-maßnahmen

O Es werden zusätzliche Arbeitsräume angemietet, um dem social distancing gerecht zu werden

49. Was ist unter Epizentrum in Zu-sammenhang mit der Ausbreitung des Virus zu verstehen?

O Eine Stadt, Region oder Land mit überproportional erhöhten Fallraten

O Eine Region, welche sich in unmittel-baren Umfeld des Virenherds befindet

O Die Region, Stadt oder Land, wo das Virus als erstes ausgebrochen ist

50. Was wird unter Epidemie verstanden?

O Virenbefall der Epidermis

O Allergische Hautreaktion

O Taubheitsgefühl der oberen Haut-schicht, ausgelöst durch Kontakt mit kontaminierten Gegenständen

O Massenhaftes Auftreten einer ansteckenden Krankheit in einem begrenzten Verbreitungsgebiet

begrenzten Verbreitungsgebiet
50) Massenhaftes Auftreten einer ansteckenden Krankheit in einem
49) Eine Stadt, Region oder Land mit überproportional erhöhten Fallraten

51. Was bedeutet es, positiv auf das Corona SARS-CoV2 Virus getestet worden zu sein?

O   Bei positiven Ergebnis liegt keine Infektion mit dem Virus vor

O   Es liegt eine Infektion mit dem Virus vor

O   Das Ergebnis ist nicht eindeutig

52. Was wird unter Hilfspaket für Unternehmen verstanden?

O   Lieferung von technischen Ausrüstungs- paketen, um die Mitarbeiter für das Home Office zu befähigen

O   Sofortlieferungen von Notpaketen (Essens- und Hygieneartikell) in großem Umfang

O   Finanzielle Unterstützung, um im Rahmen der Pandemie, konkurs- bedrohte Unternehmen vor der Insolvenz zu bewahren

53. Wie lange hatte Wuhan gebraucht, um ein zusätzliches Krankenhaus im Rahmen der Corona SARS-CoV2 Krise aufzubauen?

O 4 Wochen

O 6 Wochen

O 8 Tage

O 2 Monate

54. Kann der SARS-CoV2 Erreger bei warmen Temperaturen überleben?

O Nein, ab 40 Grad aufwärts kann der Virus nicht überleben

O Nein, der Virus hält höhere Temperaturen, z.B. in heißen Bädern, beim Heißduschen oder in der Sauna nicht aus

O Ja, derzeit gibt es keine Anzeichen, dass SARS-CoV2 temperaturabhängig ist

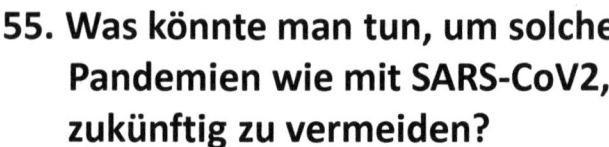

55. Was könnte man tun, um solche Pandemien wie mit SARS-CoV2, zukünftig zu vermeiden?

O Informationen über Infektionsrisiken weltweit verfügbar machen

O Impfstoffentwicklung beschleunigen

O Grenzen im Pandemiefall schneller schließen

O Die Gesundheitssysteme weltweit stärken

56. Sollten Personen gemieden werden, weil sie ausländisch aussehen?

O ja, insbesondere wenn diese aus dem Ursprungsland der Infektion kommen

O Nein, da sich von der äußeren Erscheinung nicht auf eine mögliche Infektion schließen lässt.

57. Welche der folgenden Krankheiten weist jährlich die höchsten Todesraten auf?

O Corona SARS-CoV2 Virus

O Typhus

O Tuberkulose

O Masern

58. Welche vier Länder vereinen derzeit insgesamt 90 Prozent der Corona SARS-CoV2 Virus Fälle auf sich?

O China, USA, Italien, England

O China, Italien, Iran, South Korea

O China, Japan, Spanien, England

O China, Japan, Italien, USA

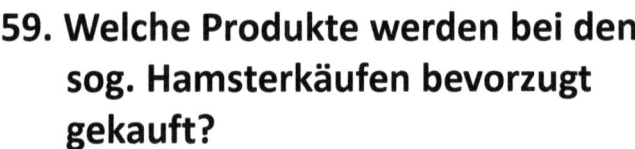

59. Welche Produkte werden bei den sog. Hamsterkäufen bevorzugt gekauft?

O Toilettenpapier, Desinfektionsmittel, Nudeln, Tomatendosen, Seife

O Toilettenpapier, Aufschnitt, Brot, Deo

O Toilettenpapier, Nudeln, Alkohol, Bücher

O Toilettenpapier und Hauspflanzen

60. Was sollte beachtet werden, wenn man während einer Ausgangsbeschränkung zum Spazierengehen das Haus verlässt?

O Soziale Kontakte meiden

O Möglichst nicht rausgehen

O Eine Atemschutzmaske tragen

O Andere nur ohne Körperkontakt begrüßen

61. Welche Krankheit wurde während der Seereisen von Christoph Columbus aus der Neuen Welt nach Europa eingeschleppt?

O Influenza

O Tuberkulose

O Syphilis

O Masern

62. Wie viele Menschen starben etwa an der spanischen Influenza Pandemie?

O 110-130 Millionen

O 2-6 Millionen

O 10-40 Millionen

O 50-100 Millionen

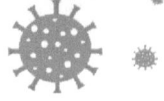

63. Mit welchem Ereignis war die spanische Grippe, als einer der tödlichsten Pandemien der Menschheitsgeschichte, verknüpft?

O Eroberung der Neuen Welt

O 30igjähriger Krieg

O Erster Weltkrieg

O Kolonialisierung Afrikas

64. Welche Infektionskrankheit, die auch heute noch existiert, kostete bereits 36 Millionen Menschen das Leben?

O Ebola

O Masern

O Mumps

O HIV

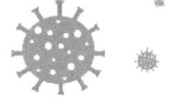

**65. Wie wird die durch SARS-CoV2 aus-
gelöste Lungenkrankheit bezeichnet**

O   SARS

O   Hiv-19

O   EHEC-19

O   Covid-19

**66. Wie wird Corona SARS Cov-2 primär
übertragen?**

O   Austausch von Körperflüssigkeiten

O   Hautkontakt mit Blut

O   Kontaminierte Oberflächen

O   Sekrete des Respirationstraktes

67. Von welchem Tier stammt vermutlich das SARS-CoV2 Virus?

O Pangolin

O Ratte

O Fledermaus

O Huhn

68. Ist man gegen Corona SARS-CoV2 geschützt, wenn man gegen Grippe geimpft wurde?

O Ja

O Ja, aber die Impfung darf nicht länger als 12 Monate zurückliegen

O Nein

O Nein, sofern man keine allergischen Reaktionen gegenüber dem Impfstoff gezeigt hat

69. Kann eine Person, andere mit SARS-CoV2 infizieren, selbst wenn noch keine Symptome der Krankheit erkennbar sind?

O Nein

O Ja, aber nur über den Austausch von Körperflüssigkeiten

O Ja, aber nur über kontaminierte Flächen

O Ja

70. Kann SARS-CoV2 durch die Luft übertragen werden wie die Masern oder Tuberkulose ?

O Ja, bei leichten Winden bis zu 20m

O Ja, aber nur wenn trockenes Klima und damit Auftrieb herrscht.

O Nein, nur über Tröpfchen

O Ja, z.B. sogar noch wochenlang nachdem ein Infizierter den Raum verlassen hat

37

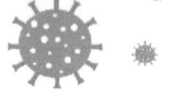

71. Wie ansteckend ist das SARS-CoV2 Virus?

O Es ist so ansteckend wie eine normale Erkältung

O Es ist so ansteckend wie HIV

O Es ist nur ansteckend beim Küssen

O Es ist so ansteckend wie Ebola

72. Wie muss die Atemschutzmaske mindestens anliegen, um eine Übertragung mit Tröpfchen optimal zu erschweren?

O Es reicht, wenn Mund und Nase lose bedeckt sind

O Wichtig ist, dass die Maske fest um den Mund anliegt

O Die Maske muss um Mund und Nase fest anliegen

Scoreberechnung

Für jede richtig beantwortete Frage gibt es einen Punkt. Pro Frage gibt es nur eine korrekte Antwort. Die maximal zu erreichende Punktzahl ist 72. Die Antworten zu den Fragen findest du immer am Ende jeder Seite.

Zähle dann deine Punkte zusammen:

Bis 22 Punkte:
-> **Anfänger**

23 bis 47 Punkte:
-> **Fortgeschrittener**

48 bis 65 Punkte:
-> **Experte**

66 und mehr Punkte:
-> **Super Corona Experte**

Weitere Bücher von Brian Gagg rund um das Thema Corona:

Humor gegen Corona:

Rätselbuch:

Corona Witze u. Sprüche
Humor gegen das Virus!

Corona geht viral!
Das Corona Witzebuch

Corona Wortesuchrätselbuch
Fakten über Corona & Co

Postkartenbuch:

Ausmalbuch:

Notizbücher:

Gruß aus der Quarantäne
Corona Postkartenbuch

Das Corona Ausmalbuch
Malbuch gegen das Virus

FCK CRN
Notizbuch

Corona Lisa
Notizbuch

Corona
Notizbuch

Corona? Hab ich schon!
Notizbuch